Henri BREMOND

DISCOURS

DE

RÉCEPTION

A L'ACADÉMIE FRANÇAISE

LIBRAIRIE BLOUD & GAY

MCMXXIV

Discours de Réception

à

l'Académie française

HENRI BREMOND

Discours de Réception

à

l'Académie française

PARIS
LIBRAIRIE BLOUD & GAY
1924

DISCOURS DE RÉCEPTION

L'ACADÉMIE FRANÇAISE

Messieurs,

L'abbé d'Olivet, recevant, au nom de l'Académie, l'auteur de la *Henriade*, se permit une grande nouveauté. Ami personnel du président Bouhier, à qui succédait Voltaire, il osa rappeler cette amitié avec une émotion qui, bien que fort discrète, parut en ce temps-là presque hardie, « la règle absolue du bon goût étant, comme le remarque à ce propos Mathieu Marais, de ne jamais parler de soi ». Depuis lors, Messieurs, votre Compagnie est devenue plus humaine, et vous me pardonnerez, je l'espère, si je mêle à l'expression de ma vive reconnaissance l'aveu d'une tristesse pro

fonde. Celui qui était venu me prendre dans ma solitude pour me présen-
ter à vos suffrages, me couvrant en
quelque sorte de sa gloire, Maurice
Barrès, n'est plus là pour m'accueillir
avec vous. Sa curiosité toujours éveil-
lée, son ironie affectueuse ne m'ac-
compagneront pas dans la tâche dif-
ficile que vous attendez de vos élus.
Sa présence, son regard, sa main me
manquent, et je sentirais un déchire-
ment à louer ici un autre que lui si je
n'avais appris de Barrès lui-même la
joie sévère, mais stimulante et apai-
sante, que l'on éprouve à célébrer les
vraies grandeurs de l'esprit. La critique n'est-elle pas une de ces grandeurs ? Par leur génie, par la généro-
sité patiente et courageuse du culte
qu'ils ont voué à la vérité, les Sirmond,
les Mabillon, les Tillemont, les Gaston
Paris, les Duchesne ne portent-ils pas
eux aussi l'auréole mystérieuse qui
échappe à l'ignorance ou aux préven-
tions du vulgaire, mais que Maurice
Barrès savait discerner dans tous les
ordres ; le signe auguste où se recon-
naît le héros ?

Un savant, du temps de Louis XIII, le ministre Jean Daillé résume en ces quelques mots aussi exacts que savoureux, les multiples excellences de l'esprit critique : « Est-ce peu de chose, à votre avis, écrit-il, de jeter toute l'antiquité au creuset, la nettoyer et raffiner, et en séparer tant d'impuretés qui s'y sont profondément et depuis tant de siècles, non attachées, mais mêlées, unies et incorporées ? Cet œuvre requiert un jugement le plus net et vif qui se puisse dire, un nez exquis, un œil perçant, une oreille parfaite, une science accomplie et des vieilles langues et de toutes les disciplines, un étude long et assidu en toute sorte d'auteurs anciens, moyens et modernes, pour juger leur pouls et leur veine, reconnaître l'air de leur invention, expression et disposition. Un siècle entier à peine produit un tel homme. » Et voilà Mgr Duchesne déjà défini. C'est bien tel, du reste, que l'ont deviné, avant même qu'il eût pris conscience de sa vocation critique, son évêque d'abord, Mgr David, puis ses maîtres de l'Ecole des Hautes Etudes

Tournier entre autres, le fameux Tournier. Visiblement, le jeune clerc breton avait reçu le don premier — *nascuntur* — ces antennes divinatrices, ce nez, cet œil, cette oreille, ces doigts d'une sensibilité si vive qu'ils souffrent comme d'une écorchure, dès qu'ils rencontrent parmi « le satin et le velours » des textes authentiques — c'est toujours Daillé qui parle — le « bureau », l'étoffe grossière des « additions ineptes », ou des corrections frauduleuses. A lui la part divine, cette faculté indéfinissable que l'érudition la plus étendue ne remplace point, et qui rappelle plutôt les pressentiments, les intuitions, l'inspiration du poète. Plus que sa vaste science, les hommes du métier admirent les raccourcis de sa méthode, la prompte sûreté de ses décisions. A peine l'a-t-on vu se mettre en marche que déjà il touche le but. Génie simplificateur, il néglige d'instinct le détail insignifiant, les vaines difficultés, où s'amuse la curiosité des dilettanti, où s'attarde la stratégie des habiles, où s'enlise la pesanteur des médiocres. Etranges capri-

ces de l'hérédité : c'est par là, sans
doute, je veux dire, par cette manœu-
vre directe, soudaine, que Mgr Duchesne continue ses pères, marins pour la
plupart, et, même comme il voulait,
non sans fierté, qu'on les appelât, cor-
saires.

A de tels dons, ajoutez un travail
d'autant plus acharné qu'il est plus
facile, une mémoire d'autant plus
obéissante qu'elle ne retient rien d'inu-
tile. Peu ou point de fiches, ou plutôt
des milliers, mais non écrites ; ce sont
les meilleures. Il écrivait presque de
tête, et sur une table presque nue, les
chapitres les plus compliqués de son
Histoire. A peine, de temps en temps,
se levait-il pour courir droit au volume, à la colonne des Pères qu'il voulait relire. Quand nous venions lui
soumettre quelque doute, lui demander
une référence introuvable, quel plai-
sir pour nous de guetter sur son beau
front, non pas lourd, mais gonflé de
science, l'attention dardée soudain, le
rappel impérieux des souvenirs, le défi

déjà triomphant aux puissances de confusion ou d'oubli !

Il avait encore plus de bon sens que de génie, si toutefois le génie, chez lui, se distingue du bon sens. Parmi tous les savants, même français, de sa génération, l'on n'en connaît pas qui se soit montré plus sourd aux Sirènes de l'hypothèse, plus rebelle à cette sorte de vertige critique auquel cèdent parfois les meilleures têtes, — un Tournier, par exemple, qui, après avoir abandonné la moitié d'*Ajax*, se demandait anxieusement, sur ses vieux jours, s'il nous restait une seule pièce de Sophocle. Parfois même, nous le souhaitions plus aventureux, plus sensible à l'attrait des systèmes, moins paisiblement résigné devant le mystère, enfin plus accessible à certains doutes, que, sans le vouloir certes, sans même y songer, il avait semés dans quelques esprits. Toute hardiesse l'effrayait. Il n'a jamais rien affirmé dont il ne fût trois fois sûr. Il poussait même si loin le goût du solide que, laissant à de moins timides l'interprétation des documents écrits, il eût préféré ne consulter que des pierres, s'absorbant tout entier dans l'immense travail qu'il avait d'abord projeté sur la topographie de Rome à travers les âges. Mais, par bonheur, une simple carrière d'archéologue n'eût pas satisfait la meilleure ambition de ce prêtre. Aussi bien, à l'heure où l'abbé Duchesne eut à fixer le programme de ses recherches, Renan allait-il achever les derniers volumes de ses origines chrétiennes. L'Eglise de France n'avait guère à opposer que des compilations médiocres, plus riches d'onction que de critique, à cette œuvre prestigieuse, moins solide et, tout ensemble, plus redoutable qu'on ne l'a dit. Le jeune prêtre comblerait cette lacune. C'était son droit, que nul, parmi ses pairs n'eût osé lui disputer; c'était son devoir ; ce sera sa gloire.

Pour bien des raisons, que je n'ai pas à rappeler ici, l'entreprise était plus scabreuse que l'abbé Duchesne ne l'imaginait dans l'allégresse confiante du départ. Grâce à Dieu, il ne serait point seul. « C'est vers 1877, écrivait-il en 1911, que je pris conscience de mon être scientifique. Je m'éveillai alors, comme Dante, dans une forêt obscure. Comme je regardais autour de moi, et n'apercevais que quelques lueurs bien pâles, bien lointaines, bien fugitives, je m'entendis appeler. Un autre que moi cherchait sa voie, demandant qu'on pût servir l'Eglise par son histoire — retenez ces mots, Messieurs, ils résument toute sa vie — par son histoire consciencieusement étudiée et franchement exposée. Nous étions deux. Aussitôt nos mains se serrèrent et nous commençâmes à marcher ensemble. » Cet autre était l'insigne bollandiste, à la sûre intelligence et au cœur plus sûr encore, le jé-

suite Charles de Smedt, lequel, de son
côté, a formulé en ces quelques fiè-
res paroles son ambition propre, et,
du même coup, celle de son « ju-
meau », l'abbé Duchesne : « Poursui-
vre et proclamer la vérité historique,
et rien que la vérité, malgré les contra-
dictions, les colères, les ennuis de di-
vers genres, auxquels cette franchise
peut donner lieu. » Ils étaient deux,
mais bientôt ce ne serait plus assez dire, car Duchesne aurait aussi avec lui
l'héroïque brigade qu'allait former le
Père de Smedt. Je les visitais, l'été
dernier, dans ce collège de Bruxelles,
qui est un des hauts lieux de la science. Hélas ! les vieux camarades, les
disciples immédiats de Duchesne —
car ils l'appellent leur maître, eux qui
ne jouent pas avec les mots — n'é-
taient plus là qu'en très petit nombre :
le P. Delehaye, le P. Peeters. Mais que
ne puis-je vous rendre l'accent, la chaleur de l'admiration reconnaissante
qu'ils lui gardent ! Près de son por-
trait, qui est là en belle place, nous ne
nous fatiguons pas de parler de lui.
Puis, sur un signe de leur président,

je vis venir à nous, de tous les coins de la vaste bibliothèque, les recrues nouvelles, la jeune postérité de l'antique Bollandus — un celtisant, deux médiévistes, un byzantin, que sais-je encore ? — tous épanouis d'enthousiasme au nom du grand homme, que leurs anciens leur ont donné pour modèle, et dont ils transmettront le culte aux bollandistes de l'avenir.

Au sortir de l'Ecole de Rome, en
1877, la voie de l'abbé Duchesne sem-
blait toute tracée. L'Université, qui
l'avait si cordialement accueilli et si
brillamment formé, ne demandait
qu'à le garder. C'était la vie assurée,
un milieu conforme à ses goûts de
libre savant, les honneurs, l'indépen-
dance. Mais, à cette heure même, les
Université catholiques venaient de
naître. Entre cette fondation obscure,
fragile, craintive et le robuste établis-
sement napoléonien, le jeune prêtre
n'hésita pas. Aussi bien l'Université
de l'Etat persistera-t-elle à le regarder comme sien. Sans quitter sa chaire
de l'Institut catholique, il sera bientôt
maître de conférences, puis directeur
d'études à l'Ecole des Hautes-Etudes.
Plus tard, en 1895, le ministre de l'Ins-
truction publique, M. Raymond Poin-
caré lui confiera l'Ecole de Rome.

C'était le beau temps, au moins pour
les jeunes, le temps où, comme l'a dit

magnifiquement un de vos confrères, le biographe de Mgr d'Hulst, le monde étonné voyait se gonfler et se répandre « ce flot large, puissant, fécondant, qui souleva les catholiques, guidés par le grand Léon XIII, et les jeta, confiants et joyeux, sur tous les rivages de la science », et sur bien d'autres rivages.

Après de rudes années que seuls avaient rendues moins maussades le prestige héroïque et douloureux, le charme exquis, l'humanité de Pie IX, une lumière avait paru dans le ciel, promesse de paix et de ralliements multiples. Hier, ceux dont la voix avait le plus d'influence dans les conseils, allaient répétant : « Quiconque n'est pas avec moi, est contre moi. » Aujourd'hui, plus volontiers : « Quiconque n'est pas contre moi est avec moi. » A Dieu ne plaise, du reste, que je m'aventure à prononcer entre ces deux consignes évangéliques, persuadé, comme je le suis, que, dans une âme vraiment chrétienne, elles se réconcilient sans effort ! Quoi qu'il en soit, l'initiative scientifique de l'abbé

Duchesne se ressentait clairement de l'esprit nouveau qui venait de poindre, et que tant de passions, les unes nobles, les autres viles, se préparaient à combattre. En revendiquant pour lui-même et pour ses élèves le droit d'accepter loyalement les règles du travail historique, Duchesne servait les pensées magnanimes du Saint-Père. Léon XIII aurait voulu que, dans la mesure du possible, il n'y eut plus deux Frances ; Duchesne qu'il n'y eut plus deux sciences; l'une, allègre et franche, réservée aux esprits qui se disent libres, l'autre, peureuse, honteuse, à l'usage des croyants. Lui, du moins, il a réussi, ouvrant la brèche, montrant la voie à ces prêtres, à ces religieux que l'on rencontre aujourd'hui, sans plus de surprise, à tous les avant-postes de la science.

Ce fut une belle campagne, et, de part et d'autre, vivement menée. En dehors de l'opposition que nous avons dite entre les deux tendances légi...mes et compensatrices, qui ont toujours partagé la pensée chrétienne, le seul procès de la critique, de ses justes droits, de ses limitations ou compléments nécessaires, aurait suffi à passionner le débat. L'on a insinué, et non sans quelque apparence, que, si le jeune professeur avait su mettre une sourdine à son ironie, la cause qu'il défendait aurait triomphé plus vite. Non, c'est là prendre les choses par leur petit côté. Je croirais plutôt qu'un Duchesne aussi majestueux que Bossuet, — pardonnez-moi, Messieurs, cette hypothèse plus que hardie, — ou aussi bonhomme que Rollin, aurait trouvé en face de lui des adversaires moins irrités peut-être, mais non pas moins convaincus. Et puis, l'on a beaucoup exagéré, me semble-t-il, ou assez

mal défini la prétendue causticité de
Mgr Duchesne. Dans le beau, le
très beau discours que vous avez
entendu ici même, il y a treize ans, et
qui voulait surtout — je le sais de
première source — rendre une déci-
sive justice au vrai Duchesne, c'est-à-
dire au bon serviteur de l'Eglise, ce
galant homme d'Etienne Lamy s'amu-
sait à mettre en regard, d'un côté les
joyeusetés simplement joviales du
cardinal Mathieu, de l'autre, la malice
sèche et sifflante de Mgr Duchesne.
Pour moi, qui suis de la maison, je
retrouve chez l'un et chez l'autre
un esprit de même famille, ces bonnes
plaisanteries ecclésiastiques, pana-
chées d'allusions scripturaires ou de
souvenirs d'école, ces homélies à re-
bours, si l'on peut dire, qui détendent
très innocemment, à portes fermées,
le sérieux habituel de très nobles vies.
Mgr Duchesne avait plus de finesse
que le cardinal Mathieu, il n'était pas
plus méchant. Ses fameux articles
du *Bulletin critique*, si acérés d'après
la légende, je viens de les relire, et,
vous l'avouerai-je, Messieurs, je les ai

trouvés moins cruels que peut-être le vieil homme en moi ne l'aurait voulu. Le trait, la verve, l'impossibilité de discuter sérieusement des enfantillages ; au demeurant, pas une goutte de venin, ou, pour parler chrétien, pas une faute contre la charité. Ses raisons blessaient plus que ses bons mots. S'il avait montré un jugement moins sûr, une science moins exacte, on lui aurait trouvé l'esprit moins mordant. Nous lui reprocherions avec plus de vraisemblance la familiarité, assez ecclésiastique elle aussi, mais quelquefois trop désinvolte, qu'il promène, oh! non pas du tout parmi les choses proprement divines, mais dans cette zone incertaine, où le profane et le sacré semblent se confondre, où le saint risque de nous cacher l'homme, et l'homme le saint. Trop docile au conseil de Pascal, peut-être se rappelle-t-il avec une complaisance excessive que, de leur vivant, les glorieux personnages de l'histoire ecclésiastique n'étaient encore que des hommes. À cette imagination prodigieusement réaliste, les héros les plus lointains sont aussi présents que ceux d'aujourd'hui, saint Jérôme que dom Guéranger. Il les aborde les uns et les autres avec le même sans façon, la même curiosité, parfois légèrement narquoise, traitant, par exemple, le peu subtil « collectionneur d'hérésies » que fut saint Epiphane, comme il ferait un moderne chasseur de coléoptères. La vénération languit quelque peu. La balance est trop bien gardée entre la tendresse d'Ozanam ou de Newman et le persiflage de Gibbon.

Ces vétilles, dont un scrupule d'impartialité me porterait plutôt à exagérer qu'à réduire la gravité, ces singularités vénielles, qui n'affectent d'aucune façon ni la méthode de votre confrère, ni le principal de son œuvre, n'ont malheureusement que trop secondé la stratégie de ses adversaires. C'est qu'en effet, avec une habileté que je veux croire inconsciente, mais qui n'en serait que plus dangereuse, on a toujours cherché à l'isoler de ses maîtres, de ses pairs, de ses unanimes, à concentrer sur lui seul le poids de suspicions, d'aigreurs, de colères, qui n'en voulaient, pour parler franc, qu'à la méthode elle-même. Des critiques d'avant-hier ou d'aujourd'hui, dont le nom est vénéré dans l'Eglise, Duchesne ne se distingue que par le génie. Ils se tiennent tous, et sauf à formuler nos réserves sur telle ou telle de leurs affirmations particulières, nous devons nous accommoder de ce bloc, ou, loyalement, le rejeter. Depuis la noble lettre de Léon XIII sur les études historiques, nous n'avons même plus ce choix. « Dénicheur de saints », a-t-on répété, et c'est là une pure calomnie, enveloppée d'un sophisme : autant nommer dénicheurs de héros ou de rois les savants qui ont mis en miettes les fausses Jeanne d'Arc ou les faux Louis XVII. Si, néanmoins, l'on tient à cette perfide épithète, que l'on sache bien que Dom Mabillon ne la mérite pas moins que Mgr Duchesne, le vénérable, le saint Mabillon, accusé par quelques-uns de ses frères — je cite Léopold Delisle qui a publié les répugnants autographes de ces délations — accusé de trahir son Ordre, « soit en n'acceptant pas des légendes controuvées, soit en ne laissant pas dans l'ombre » les misères du passé bénédictin. Dans la crainte d'une condamnation dont les prophètes de malheur le disaient menacé, et qui aurait désolé sa vieille mère, l'abbé Duchesne pleurait un jour à chaudes larmes devant un de ses disciples les plus

aimés, l'abbé, depuis Mgr Dadolle —
quel disciple et quel ami! Mabillon a
connu les mêmes angoisses. Après le
bénédictin, faut-il un jésuite ? Ce
sera, si vous le voulez, car j'en ai d'autres, le second fondateur des bollandistes, Daniel Papebrock, foudroyé,
lui et ses in-folio, par l'Inquisition
d'Espagne. A cette nouvelle, Mabillon
s'émeut. Il somme Baluze et les autres
savants français de prendre en mains
la défense de l'hagiographe. Il presse
le Procureur général de Saint-Maur, à
Rome, Dom Estiennot, qui devra dire
partout en quelle estime la science
française tient l'admirable jésuite.
Pour Mabillon, pour toute l'Eglise,
c'était alors un argument presque sans
réplique. Lui-même, il écrit aux car-
dinaux de sa connaissance, à Collo-
redo, par exemple. Que l'on ne touche
pas aux bollandistes, ces amis de la
vérité, dont le seul crime est d'avoir
démonétisé des fables ridicules ; que
Rome ne fasse pas sienne l'inique cen-
sure d'Espagne; *tam iniquam censu-*
ram ! En Français, en moine, c'est
l'iniquité qui le soulève d'abord. Et le

cardinal, en Romain qui s'intéresse avant tout à l'honneur du Saint-Siège, répond qu'il tentera l'impossible pour éteindre ces foudres stupides; *brutum illud fulmen.* Ce sont des savants et qui ne perdent pas leurs minutes à tisser des périphrases. Ils causent entre eux des choses de leur métier, avec la simple franchise qui est permise à des serviteurs fidèles. De leur part, nulle fronde n'est à craindre. Que l'autorité suprême se refuse à tenir compte de leurs avertissements, et ils s'inclineront en silence.

Eh! qu'y pouvons-nous, Messieurs,
et qu'y peuvent-ils? Les critiques n'ont
jamais été populaires. La vérité pure
qu'ils poursuivent nous laisse froids.
Nous n'aimons que nos vérités, enten-
dant par là ce bagage de certitudes
qu'une longue et paisible possession
nous fait regarder comme une partie
de nous-mêmes. Qui s'avise de soumettre à une libre discussion la moindre
parcelle de ce trésor, nous étonne et
nous trouble. C'est une routine soudain bousculée, c'est aussi, et chose
plus grave, le sentiment que tout l'édi-
fice de nos opinions et de nos croyan-
ces va s'écrouler pierre à pierre. « Une
de nos pires souffrances, a dit un phi-
losophe anglais, est de voir surgir une
idée nouvelle », ou, ce qui revient au
même, vaciller une ancienne certitude.
Et cela n'est pas si mal, aussi long-
temps du moins que nulle bassesse
n'empoisonne cette inévitable et pro-
videntielle résistance. Toute vérité

nouvelle n'est pas bonne à dire. Un
homme sage ne reprochera pas aux
Congrégations romaines de maintenir
une barrière entre l'ignorance des
simples et ces ateliers critiques où se
forgent après tout plus de conjectures
éphémères que de certitudes. Sous
peine de déconcerter des intelligences
mal préparées, une nouveauté, même
inattaquable, ne devrait se faire jour
jusqu'à la foule que par une lente
infiltration, et presque insensible.
Ainsi l'exige cette philosophie de
l'étape que, sur les traces du grand
Burke, un de nos maîtres les plus
chers, applique à régler d'autres pro-
grès. Mgr Duchesne ne pensait pas
autrement. Avec quelle sollicitude
n'essayait-il pas de brider l'impatien-
ce de nos jeunes curiosités! Dans le
cœur-à-cœur de ses entretiens intimes
ou de ses lettres, il n'oubliait pas qu'il
avait aussi charge d'âmes ; il nous
mesurait le vent. Mais, quand tout est
dit, la vérité reste bonne, l'erreur
mauvaise, la critique légitime, qui
s'attache à dégager celle-là et à exter-
miner celle-ci. Du vrai, du vrai seul,

enfin découvert et publié avec les précautions qui s'imposent, le savant chrétien ne redoute aucune catastrophe. Rien n'est arrivé dans le passé que la Providence n'ait permis, et qu'elle ne possède le moyen de faire tourner à sa gloire ; rien n'est arrivé qui n'ait eu Dieu pour témoin, et que, par suite, on puisse nier délibérément, ou escamoter, sans attenter, du même coup, à la vérité éternelle. Absurde négation, du reste, et plus niaise que sacrilège : vouloir faire que Dieu n'ait pas vu ce qu'il a vu, ou qu'il ait vu ce qu'il n'a pas vu !

Cet infaillible et muet témoin, celui aux yeux de qui le passé, le présent, l'avenir sont même chose, Dieu enfin, a-t-il vu, voit-il encore, à l'aube de l'ère chrétienne, glisser parmi les vagues miraculeusement apaisées de la mer latine, et cingler vers les côtes de Provence, une frêle barque, sans voiles, sans rames, où se trouvent réunis, par un autre miracle, Madeleine, Marthe, Lazare, Sara, la brune patronne des bohémiens, et presque tout ce qui restait en Palestine d'amis de Jésus, après la dispersion des Apôtres? Ou bien, ce voyage merveilleux ne serait-il qu'un de ces romans, aux tiroirs indéfiniment surajoutés, qu'élaborait, sans penser à mal, la crédule imagination du Moyen Age, hantée par le souvenir tenace de ces Evangiles apocryphes, dont l'Eglise primitive essaya vainement de sevrer l'insatiable et peu saine curiosité des fidèles ? Vaste et litigieux problème, Messieurs, qui,

sans doute, occupa beaucoup notre
courageux Breton, et plus, je crois,
qu'il ne l'aurait cru nécessaire, mais
que deux impérieuses raisons me dé-
fendent d'aborder : ma qualité de Pro-
vençal et mon ignorance.

Homme du Nord, qui, vers l'âge
mûr, avait acheté une bastide aux ex-
trémités de la Provence, Etienne Lamy,
pour trancher cet âpre débat, faisait
appel à un concile irrité de cigales.
Vous n'avez pas oublié ce brillant pa-
ragraphe de son discours. Ni Renan,
ni M. Anatole France, qui ont élevé
la morne prosopopée de nos pères à
la hauteur du poème lyrique, n'eus-
sent fait mieux. Vous savez qu'il y a
aussi un débat sur les cigales : elles
ravissaient Platon, elles agaçaient
Virgile. Je crois bien que, ce jour-là,
Mgr Duchesne jugea douteux le goût
de Platon. Mais qu'elle n'est pas la
puissance d'un homme d'esprit, et qui
sait écrire ! Ces trois jolies pages
d'Etienne Lamy ont fait le tour du
monde catholique, apportant aux dé-
fenseurs découragés de nos légendes
un renfort inattendu. Ainsi jadis, la

malice de Pascal rendant cœur aux troupes jansénistes, que la grosse artillerie d'Arnauld ne suffisait plus à couvrir. Et puis, l'Académie française elle-même, réprouvant la critique de Duchesne, les théologiens avaient-ils le droit de se montrer moins sévères ? Ah ! s'il avait pu prévoir une telle méconnaissance de votre esprit et de vos usages, Etienne Lamy aurait amèrement regretté ce qui n'avait été pour vous comme pour lui qu'un divertissement, qu'une fantaisie ! Je dois ajouter, d'ailleurs, qu'il se connaissait mal en cigales. Les vraies m'ont toujours paru de sages et de discrètes personnes. Elles ont un sens aigu des bienséances, et je ne les vois pas se mêlant d'apprendre à un Mabillon, à un Tillemont, à un Duchesne, les rudiments de la critique. Je connais mieux ces filles des Muses, les ayant beaucoup tourmentées, dans mon enfance, non par cruauté, car nous ne leur voulons que du bien, mais pour surprendre le secret de leur étrange musique. Je les ai donc interrogées, moi aussi, une fois de plus, mais ce que j'ai tiré d'elles, quelques sentences hachées, dédaigneuses, est bien peu de chose, et, d'ailleurs, trop impertinent pour que j'ose vous le traduire. C'est qu'elles nourrissent à l'endroit de votre Compagnie une solide rancune, ou, ce qui est plus indécent, une sorte de compassion. Elles souffrent, mais pour vous d'abord, que leur Mistral n'ait pas été des vôtres. Si la langue d'Oc, pensent-elles, avait triomphé de sa rustique cadette, une Académie provençale se fût certainement annexé, de gré ou de force, votre Lamartine et votre Littré. Mistral ne les égalait-il pas l'un et l'autre, pour ne rien dire de plus ? Car, en authentiques Provençales, elles ont horreur du superlatif. Quant à la critique savante de nos origines chrétiennes, elles s'en désintéressent absolument. Comme elles ne savent que chanter, elles n'ont lu que *Mireio*. Pour tout le reste, elles nous renvoient d'assez méchante humeur à l'Académie des Inscriptions et Belles-Lettres. Croyez-les, Messieurs, je vous prie, et n'allez pas nous juger sur quelques faiseurs de bruit, rauques cymbales sarrasines, qui étouffent trop souvent l'exaltation disciplinée, les graves cadences de mon pays. Un jour, dans un billet moitié plaisant, moitié sérieux, où il me donnait rendez-vous non loin de Marseille, Mgr Duchesne m'indiquait les précautions que nous devrions prendre pour qu'il ne fût pas reconnu. Hélas ! il avait eu quelques raisons d'oublier que la courtoisie est née en Provence. Du haut de la chaire chrétienne, un de mes compatriotes ne l'a-t-il pas comparé, moi présent, à Celse et à Marcion ? Mais, encore une fois, les Sarrasins sont rares chez nous. Venez, cher Monseigneur, lui répondais-je, venez visière levée. Ma noble ville d'Aix, une des capitales du bon sens, de l'atticisme, et qui, plus est, de l'esprit critique, vous accueillera souriante. Elle n'allumera pas votre bûcher sur la place des Prêcheurs, en face de cette église Sainte-Madeleine où repose notre Peiresc, qui vous eût tant admiré. Nous n'avons pas le culte de l'incompétence, et, sur nos pieuses traditions, comme sur tous les problèmes, nous accepterons, les yeux fermés, le jugement des experts. — Est-il bien sûr, du reste, que les Provençaux, même les plus simples, aient attendu Mgr Duchesne pour distinguer, confusément et sans fracas, entre la légende et l'histoire ? Nous aimons nos traditions, et nous les gardons, parce qu'elles donnent, pour ainsi parler, une couleur d'Evangile à nos paysages, mais nous réservons notre vraie foi à des récits plus solides, et combien plus beaux ! Quand nous allons à Tarascon prier sainte Marthe, si nous donnons un souvenir amusé au bon minotaure dont la sainte aurait délivré nos ancêtres, notre dévotion se recueille presque aussitôt; elle ne connaît plus que l'unique Marthe, l'active ménagère, si provençale de ton et d'allure, l'hôtesse délicieuse de Béthanie. Et de même, dans notre Brocéliande enchantée, plus belle que l'autre, dans la forêt miraculeuse de la Sainte-Baume, ce que nous allons chercher, ce n'est pas une banale réplique de Marie l'Egyptienne, c'est l'unique Madeleine, celle dont le nom garde un parfum de myrrhe et, pour nous, de lavande, celle qui a choisi la meilleure part, et que le Maître de l'Amour a louée entre toutes les femmes, celle enfin — *Dic nobis, Maria, quid vidisti in via ?* — qui ayant vu le tombeau vide et la gloire du Christ ressuscité, disparaît suavement et de l'Evangile et de l'Histoire.

Mgr Duchesne aimait l'Eglise, comme sa Bretagne natale, d'un amour solide. Et de même que la splendeur de son palais Farnèse n'avait pu lui faire oublier son humble maison de Saint-Servan, de même la liberté de sa critique n'aurait jamais ébranlé sa docilité d'enfant aux décisions du Saint-Siège. Aussi bien cette docilité ne le gêne-t-elle d'aucune façon, elle l'aiderait plutôt. « Que l'érudition, disait Sainte-Beuve, n'étouffe jamais ce qu'on est trop heureux de sentir à première vue et de saisir de premier jet. » A combien plus forte raison ne devons-nous pas faire crédit aux certitudes réfléchies et vécues de la conscience, aux intuitions acquises ou infuses de la foi et de l'amour ? Fustel de Coulanges eût élucidé un chapitre obscur de l'histoire de France, avec une sûreté où la science de l'Allemand le plus érudit n'aurait pu atteindre. C'était là sa propre histoire ; il la

connaissait deux fois, et comme savant
et comme Français. Ainsi Mgr Duchesne : vivant de la vie même de
l'Eglise, ayant reçu de la tradition le
sens de nos dogmes, et avant tout, le
sens du Christ, il connaît deux fois
l'histoire chrétienne, et comme critique et comme chrétien.

Qui ne sait d'ailleurs que la critique
pure est un mythe, la table rase, tant
vantée dans les *Discours de la méthode,* une chimère? Plus érudit que
Bossuet, Gibbon ne paraît pas plus
réfractaire que lui à ces obscures consignes qu'élabore notre âme profonde,
et qui, bien qu'à notre insu, comman-
dent les principales démarches de notre esprit. L'idée de sa grande *Histoire*,
a jailli en lui, à Rome, un soir, « pendant que les moines déchaussés mar-
mottaient leurs litanies dans le temple
de Jupiter ». Demain, Gibbon viendra
aux documents, mais il sait dès aujourd'hui où ces documents le mène-
ront : il racontera l'agonie de la civi-
lisation véritable, *Decline and Fall,*
le triomphe de la Barbarie, c'est-à-dire
du christianisme. Comme il lui plaira;

mais c'est là une vue de poète, —
Leconte de Lisle la reprendra quelque
jour, — de philosophie peut-être, non
pas de critique. Renan fait de même.
Avant d'aborder les Evangiles, il tient
le fil conducteur : Dieu n'intervient
pas, ne peut pas intervenir dans les
choses de ce monde; ce serait là un
miracle, et il n'y a pas de miracle. Mgr
Duchesne partait d'une conviction du
m⁴ᵉ ordre, mais toute contraire. As-
surément, il ne se faisait pas du miracle l'image enfantine qui provoquait
jadis la verve facile des incroyants. Il
n'était pas de ceux qui, pour donner
sa vraie portée à une scène de mar-
tyre, veulent que du cou sanglant de
la victime s'échappe un ruisseau de
lait. Mais chez lui, en revanche, quelle
intelligence sérieuse, profonde du miracle chrétien par excellence : l'Hom-
me-Dieu ressuscité, vivant, agissant
dans l'Eglise, et modifiant ainsi, par
une intervention constante, l'ordre na-
turel des choses! Pour la plupart de
ses devanciers, même croyants, l'histoire de l'Eglise est, ou bien l'histoire
d'une grande révolution morale, ou

bien, et plus ordinairement, des spé-
culations innombrables qui ont occu-
pé, d'une part les hérétiques, d'autre
part les Pères et les Conciles. Pour
Duchesne, elle est avant tout l'histoire
d'une religion, c'est-à-dire d'une vie
spirituelle, combattue sans doute,
mais miraculeusement persistante et
indéfiniment propagée, vie tout invi-
sible, à la vérité, mais d'autant plus
réelle, et que l'historien de l'Eglise
doit toujours se rendre présente, sous
peine de ne rien entendre aux événe-
ments qu'il raconte; sous peine, s'il
faut des exemples, de tenir saint Paul
pour un isolé, pour un être d'excep-
tion, alors que des millions d'hommes,
chétifs, médiocres, ont pu lire sans
surprise ses divines épîtres, respirant
la même atmosphère surnaturelle que
lui, buvant aux mêmes sources, nour-
ris des mêmes réalités. Le sublime
d'un saint Paul ou d'un saint Jean,
écrit Mgr Duchesne, n'est que « l'épa-
nouissement de la croyance commu-
ne, encore indigente en formules, mais
profonde et résistante ». Vous le trou-
vez froid, vous lui souhaiteriez plus

d'onction, ou plus d'éloquence, prenez garde néanmoins : à l'homme d'aujourd'hui qui sait lire, ces claires affirmations paraissent plus émouvantes qu'un panégyrique de Bossuet ou qu'une conférence de Lacordaire. Ainsi encore, lorsqu'il se demande ce que l'Eglise du second siècle doit à ses apologistes. « De ceux-ci, répond votre confrère, il ne faudrait pas exagérer l'influence. Au fond, ce qui a permis à l'Eglise de vivre sous des lois persécutrices, de triompher de l'indifférence, du dédain et de la calomnie, ce ne sont ni les raisons, ni les discours, c'est la force intérieure, révélée et rayonnant dans la vertu, dans la charité, dans l'ardente foi de l'âge héroïque. C'est cela qui amenait à Jésus-Christ; c'est par là que les apologistes avaient été pris; c'est aveo cela que l'on a fait adorer aux Romains un juif crucifié, et que l'on est parvenu à faire entrer en des têtes grecques, des dogmes comme celui de la résurrection. » Puis viendront les controverses des iii*, iv* et v* siècles, tout ce bruit de métaphysique, ces

mots grecs, hypostase et autres, qui
ravissent l'Orient et qui déconcertent
le monde latin. Eh quoi! l'Eglise est-
elle devenue une école, le Royaume de
Dieu une Académie? Non, répond Duchesne, avec saint Ambroise et Newman il reste toujours vrai que ce n'est
pas par des syllogismes que Dieu a
résolu de sauver le monde. Rien de
nouveau que l'apparition d'hérétiques
subtils, de rationalistes fermés. La
dialectique seule a chance d'éclairer
de tels esprits ou de les confondre, et
désormais l'Eglise aura ses théologiens. Mais spéculation et vie, cela fe-
ra toujours deux. « La vieille et simple foi du Pont » transmise, par de
saintes femmes, à Basile et à Grégoire,
a précédé, elle anime, elle éclaire les
savantes catéchèses de ces deux Pères ; la connaissance réelle a précédé
les constructions de l'entendement, et
elle en reste la base immuable ; l'expérience, une expérience chargée de
dogme, pour ainsi dire, a précédé les
formules, et l'unique souci de l'Eglise
dogmatisante est précisément de com-
biner des formules qui répondent au

exigences religieuses du peuple chrétien, qui les entretiennent et, au besoin, les réveillent. Dans ce long travail théologique, écrit encore votre confrère, l'Église n'a pas d'autre but que de définir, aussi exactement que possible, « ce contact, cette pénétration que réclament et la parole évangélique : « Le Verbe s'est fait chair », et la formule mystique : « Dieu s'est fait homme pour nous diviniser. » Ainsi, ce critique, que l'on nous a dit brouillé avec le surnaturel, et à qui l'on a refusé le sens des valeurs spirituelles, emprunte bravement aux mystiques jusqu'à leur langage. C'est qu'il a compris l'Eglise, la mystique société, qui, née des enseignements et de la grâce du Verbe incarné, continue à vivre de ces enseignements et de cette grâce ; l'Eglise, dont la fin essentielle est de proposer au monde, de maintenir, de resserrer le contact, la pénétration, l'intimité inouïe que le Christ a rendus possibles, faciles, entre Dieu et l'homme.

Le sens, ou, si l'on veut, l'instinct
catholique n'était chez lui, ni moins
éveillé, ni moins sûr. « Il n'est pas
possible, disait voici trois siècles bientôt, un des fondateurs de votre Compagnie, Jean de Silhon, il n'est pas
possible de se détacher du Saint-Siège, ni de toucher tant soit peu à cette
suprême dignité où Dieu a laissé sa
puissance, que toute la religion ne
tremble et toute la machine ne se dé-
monte. » Duchesne pense tout de même. Très différent en cela de son ex-
cellent devancier l'abbé Fleury, et de
ses deux grands rivaux, Dœllinger en
Allemagne et Lord Acton, en Angle-
terre, il rompt, le premier, je crois, parmi les savants de marque, avec la
vieille et grondeuse tradition galli-
cane, toujours prête à gémir sur l'ambition et le despotisme de Rome. Hil-
debrand ne l'irrite ni ne le gêne ;
Pie IX non plus. Il est tout romain,
mais avec cette nuance particulière

de ferveur que l'Eglise d'autrefois n'a pas connue, et que le romantisme catholique avait fait passer jusque dans nos moelles. Avec cela, faut-il ajouter que sa dévotion à Rome n'embarrasse d'aucune façon la franchise de sa critique ? Il écrira l'histoire, et non le roman des Papes. Par la voix de ses orateurs et de ses pontifes, l'Eglise répète qu'elle n'a besoin que de la vérité. Avec une tranquille audace, Duchesne les prendra au mot. Il dira tout : le bien et le mal, le glorieux et le sordide, le scandale des décadences, les stagnations plus tristes encore peut-être, et les réveils magnifiques ; tout, Libère et Pélage, comme Félix et Léon; l'horreur du concile macabre où fut jugée la dépouille de Formose, comme l'héroïsme de Grégoire VII, balayant un siècle de honte, et conduisant l'Eglise à « la reconquête de la Papauté ».

De là vient, récompense infaillible, l'extrême valeur apologétique de cette histoire, qui n'est pas une apologie. Logiquement elle devrait rendre catholiques tous ceux qui admettent déjà la divinité du Christ. De là viennent aussi les hauts mérites d'ordre littéraire qui font des trois volumes de *l'Histoire ancienne* une œuvre d'art au sens rigoureux du mot. Rome n'est pas, pour Mgr Duchesne, comme pour l'abbé Fleury et l'école classique, une abstraction : c'est une personne vivante, dont il suit les destinées avec un frémissement d'attention que la seule curiosité du savant n'expliquerait point. Il la voit, il nous la fait voir, et il nous attache à elle. Oh ! non pas sous les traits de la rose et svelte princesse qui, près de la Synagogue aux yeux bandés, accueille les pèlerins de Strasbourg. Grave, au contraire, et plus imposante que gracieuse. Elle n'a jamais été jeune. La gloire massive de l'ancienne Rome pèse sur elle. Dès qu'elle commence à enseigner, avec le pape Clément, elle est bon sens et sagesse. Déjà sa physionomie s'éclaire, laissant transparaître une humanité plus que virgilienne, qui attendrit, mais sans l'amollir, la rudesse de l'antique Latium. A la majesté d'une reine, à la rigueur d'une gardienne, se mêle la douceur d'une mère et l'humilité d'une servante. Deux mots ont fait ce miracle. Traduit en langue chrétienne, le *Tu regere* de l'*Eneide* est devenu : *Pasce agnos, pasce oves.* Quand se pose, et de si bonne heure, le problème du pardon, ce n'est pas à la loi des douze tables qu'elle demande de le résoudre. En vain les agités de la morale ou du dogme la pressent-ils d'excommunier, de maudire. Elle ouvre ses bras aux *lapsi*, à tous les pécheurs, et ce forcené de Tertullien reproche, en ricanant, au pape Calliste de prendre au sérieux la parabole de la brebis perdue. Charité, miséricorde, mais aussi raison. Elle connaît ses ouailles et elle se connaît elle-même. Tous les excès l'inquiètent, même, si l'on peut dire, de vertu et de science ; toute distinction orgueilleuse entre gnostiques et simples fidèles. Elle refuse de s'intéresser à la spéculation alexandrine comme aux subtilités de Byzance, et, si elle ne condamne pas les premiers essais de vie monastique, elle tarde à les approuver. Plus de solidité que d'éclat. Pendant la période où s'est renfermé Mgr Duchesne, peu de pontifes de large envergure, « la plupart de valeur moyenne, et surtout pratique. » Les grands papes ne sont pas beaucoupe plus nombreux que les grands rois, et, sans doute, ne sont-ils pas plus indispensables. Semblable à l'ancienne, la nouvelle Rome manque d'imagination *Excudent alii spirantia mollius aera...* ; mais, après un patient et clairvoyant triage, elle excelle à s'assimiler, à catholiciser les initiatives de l'Orient, de l'Afrique, de notre Gaule, de l'Espagne, de l'Irlande. Elle est née peuple, elle reste peuple ; soucieuse avant tout d'évangéliser les pauvres, de sauver du scandale la foi des petits. Bien qu'il doive lui plaire à ses heures de passer l'anneau du pêcheur au doigt d'un humaniste comme Léon X, d'un politique comme Léon XIII, ou d'un érudit comme Pie XI, les savants et les génies lui sont moins précieux que la foule; mais comme ils ont, eux aussi, une âme, un cœur, une conscience, et comme d'ailleurs, elle ne saurait se passer de leurs services, elle les respecte, elle ne les mortifie pas de gaîté de cœur, elle tolère les uns et elle encourage les autres. Au IV⁰ et au V⁰ siècles elle ne précipite pas la solution des controverses christologiques, et elle finit par canoniser d'heureuses formules que d'abord elle avait jugées suspectes. Si graves que paraissent les dénonciations, elle laisse aux accusés le moyen de se défendre. Damase, Léon, tous ils répètent que l'Eglise romaine ne condamne pas les absents. Elle ne se presse jamais. Lenteur majestueuse, qui est tout ensemble modération, justice, prudence, charité, charité surtout, et qui lui permet de lasser tour à tour les violents qui l'assiègent, du dehors et du dedans. Une faucille impatiente faucherait le bon grain en même temps que l'ivraie. Rome ne veut pas qu'au dernier jour retentisse à ses oreilles un second *Legiones redde,* — rends-moi mes légions — plus inexpiable que le premier. Elle veut pouvoir faire sienne la parole du Christ à son Père : de tous ceux que vous m'aviez confiés, pas un n'est perdu.

Tel est l'idéal que tâchent de réaliser, que réalisent souvent les Rome d'un jour ; telle est la Rome éternelle. Nul historien, je crois, ne l'aura définie avec autant d'exactitude, de probité, d'autorité que votre confrère. Le peu de chaleur que j'ajoute à cette savante et vivante peinture, c'est encore à Mgr Duchesne que je l'emprunte, mais au Duchesne que je connais bien et par mes souvenirs personnels, et par les nombreuses lettres de lui que ses amis m'ont permis de lire. La chaleur la plus vive n'est pas toujours celle qui jette des flammes. Soit pudeur celtique, soit timidité, soit encore sécheresse professionnelle, Mgr Duchesne ne laisse voir d'ordinaire dans ses ouvrages que son être de surface et de convention, cette mince et froide portion de nous-mêmes où préside la seule raison, accompagnée parfois de l'esprit. Il avait la sensibilité la plus vive. Il était de ces êtres affectueux, simples, mal faits pour la lutte, et que l'on souffre deux fois de voir souffrir. Quand il se heurtait à quoi que ce soit qui ressemblait à de la méchanceté, il s'en étonnait, même à soixante ans. Comme les enfants, il avait peine à comprendre qu'on ne l'aimât point. Mélange rare et charmant de malice inoffensive, de clairvoyance, d'ingénuité, de faiblesse. Il nous dominait de son prestige, et néanmoins nous trouvions simple qu'il semblât demander à nos bras plus robustes de le soutenir. Facile aux découragements et aux larmes, facile à l'abandon, à toutes les joies des bons cœurs. « Malgré mon sourire et mon attirail d'érudition, écrivait-il à un débutant qui n'osait s'ouvrir à lui, je vis plus du cœur que de l'esprit. » Ceux qui n'ont vu en lui que le savant n'ont pas soupçonné le véritable Duchesne, et moins encore ceux qui ne l'ont admiré ou censuré que pour ses bons mots. Mais je n'ai le droit d'évoquer ici ni les traits les plus attachants de son caractère, ni les chères amitiés qui ont tenu dans sa vie une telle place. Longue carrière sereine, heureuse, autant qu'il est possible ici-bas, bien que, vers la fin, une occasion lui ait été ménagée de montrer, non aux intimes qui le savaient déjà, mais aux autres, qu'il n'avait pas vécu en simple curieux dans la familiarité des martyrs. Au lendemain du décret qui mettait à l'Index celui de ses ouvrages dont il attendait le plus pour le service de la Papauté, il écrivait à un prêtre de ses amis : « Les temps sont durs ; la vieille Curie romaine, avec sa modération pratique, son calme, son air posé n'a pourtant pas disparu. Elle subsiste, comme la cendre sous la braise, au moment où le feu est très ardent. Peut-être la reverra-t-on. Pour le moment, ce n'est pas elle qui gouverne...» Jusqu'ici, l'historien des Papes, déconcerté par un régime imprévu. Voici le fidèle : « Mais l'Eglise est toujours l'Eglise. Une mère peut gronder avec exubérance, c'est toujours une mère. Il faut la respecter, l'aimer quand même. Dieu aidant, je ne faillirai pas à ce devoir... » Puis la guerre vint, et, avec elle, la honte de penser à nos infortunes particulières. L'histoire dira ce que fut alors, et pendant les années qui suivirent l'armistice, le rôle discret, mais très actif et efficace du directeur de l'Ecole de Rome. Héritier de la pensée et des sentiments de Léon XIII, Benoît XV aimait, admirait Mgr Duchesne, il prenait volontiers ses conseils et se plaisait à le traiter avec honneur, péniblement surpris si, d'aventure, certains avaient pour lui moins d'égards. Par lui, il tâchait de garder le contact avec la France. Fragile et tragique pontife, meurtri de tous les côtés, parce qu'il n'avait pas le don des miracles ! « N'attaquez pas le Pape, il fait ce qu'il peut », nous écrivait, sans se lasser, Mgr Duchesne, loyal à tous ses devoirs, et qui gardait, au milieu des pires détresses, la passion de la justice. Ce qui lui restait de temps et de force, il le donnait, avec un entrain volontaire et douloureux, à la préparation du quatrième volume de son *Histoire*. L'avènement de Sa Sainteté Pie XI fut une de ses dernières joies. Depuis la mort des deux grands maîtres italiens, le romain de Rossi et le milanais Ceriani, tous les savants de la cour pontificale, le P. Ehrle, Mgr Ratti, Mgr Mercati, notre dom Quentin, M. Pio Franchi de Cavalieri, et combien d'autres avec eux, regardaient Mgr Duchesne comme leur patriarche, l'entouraient de l'admiration la plus confiante et la plus affectueuse. Il écrivait, le 22 février 1922: « Voilà trois semaines de grandes émotions : la mort presque foudroyante de Benoît XV, ses funérailles, le conclave, l'élection merveilleuse de Pie XI, son apparition bénissante à la loggia extérieure de Saint-Pierre ; aujourd'hui son couronnement et la nouvelle bénédiction. Ma vieille charpente en est toute secouée... Marche vers l'autel, étoupes brûlées sous les yeux du Pontife : *sic transit gloria mundi.* Puis la messe. Pour notre ami Ratti on chantait : *Statuit ei Dominus testamentum pacis, et principem fecit eum.* On chantait avec la vigueur simple de l'actuelle Chapelle Sixtine. Arrivée des trois évêques d'Albano, de Porto et d'Ostie, qui récitent sur le Pape, au pied de l'autel, les prières qui servirent pour Léon et pour Grégoire... » L'ami, l'homme d'Eglise, le savant, le Romain pieux, reliant le présent au passé, à un passé qui est, avant tout, celui de Léon et de Grégoire, Mgr Duchesne est tout entier dans cette lettre, une des dernières qu'il ait écrites. Il mourait deux mois après. Hélas ! que ne lui a-t-il été donné de voir se développer, selon sa ferme espérance, la politique généreuse du Saint-Père. *Testamentum pacis !*

Imp. du Montparnasse, 47, rue de la Gaîté, Paris.

www.ingramcontent.com/pod-product-compliance
Lightning Source LLC
LaVergne TN
LVHW050639060726
842527LV00004B/1374